¿Y SI FUÉRAMOS REALES Y NO PERFECTOS?

¿Y SI FUÉRAMOS REALES Y NO PERFECTOS?

Marta Roig

Círculo Rojo
EDITORIAL

Primera edición: Febrero 2024

Depósito legal: AL 132-2024

ISBN: 978-84-1061-496-3

Impresión y encuadernación: Editorial Círculo Rojo

© Del texto: Marta Roig
© Maquetación y diseño: Equipo de Editorial Círculo Rojo
Editorial Círculo Rojo

www.editorialcirculorojo.com
info@editorialcirculorojo.com

Impreso en España — Printed in Spain

A mis abuelos, que son las estrellas más brillantes del firmamento, me cuidan y protegen día a día.

A mi madre, por esa unión tan especial, por serlo todo en esta vida, por estar siempre a mi lado, por su amor, que va «hasta el infinito y más allá».

A mi hermana, por ser mi apoyo, mi mejor amiga, mi referente, por ser tan auténtica como es.

A mis amigas, por estar ahí siempre.

A todo el equipo que me ha ayudado en este camino.

A la vida por darme una segunda oportunidad.

Prólogo

Te pido que en este libro confíes en mí y te des la oportunidad de reflexionar y cambiar independientemente de la edad que tengas, nunca es tarde. Confía.

En este libro quiero te des una oportunidad, que te centres en ti. Que coger este libro a lo largo del día sea tu momento, tu ratito para reflexionar, calmar la mente y adentrarte un poquito en tu interior.

Porque ¿tú cómo estás? ¿Realmente cuánto tiempo hace que no te paras a pesar en ti mismo, a observar tu interior, los sentimientos que están en estos momentos dentro de ti?

¿Eres realmente feliz o es lo que aparentas? ¿Puedes cambiar cosas en tu vida para ser más tú mismo y ser más feliz?

Pues adelante, lánzate, arriesga, cambia, piensa en lo que de verdad tú mismo quieres y sientes, y no en los demás. Nunca es tarde para cambiar, para conseguir aquello que quieres.

Pequeños momentos

Abres los ojos y te das cuenta de que los pequeños momentos son los que valen la pena. Un «te quiero» de tus padres, una risa con tu hermana, vuestra complicidad, una comida en familia, una mano extendida de tu abuela, los mensajes bonitos, las cenas con amigas en las que poder desahogarte, tener a tu perro esperando en la puerta de casa y que salte de alegría nada más verte... Es justo ahí, en esos momentos, cuando te das cuenta de lo que de verdad vale la pena, pero aún mejor es darte cuenta de que cada una de esas cosas son muestras de amor hacia ti, porque SÍ, tú eres importante, vales la pena, vales el tiempo y posees el amor de cada uno de los que están a tu alrededor.

Ahora piensa cada día en lo afortunado que eres. Aunque el día se ponga nublado y tú lo veas todo negro, piensa que tu vida sigue siendo la misma y que tu gente te sigue queriendo. Y el sol mañana volverá a salir.

Me gustaría volver a ser niña y disfrutar de aquellos momentos mágicos.

Volver a tener esa ilusión de cuando eres pequeño, con muchos menos problemas.

Volver a esas navidades llenas de alegría.

A que tu gente más importante fuera tu familia.

A esa ilusión de que tu abuela te recogiera del colegio.

A pasear con tu abuela, cocinar con ella y aprender de ella.

A jugar al escondite por casa.

A llegar a casa y merendar con mi madre contándole el día como si fuera una telenovela.

A que mi mayor problema fuera estudiar las tablas de multiplicar con mi abuela.

A jugar con mi hermana a lo que fuese, pero siempre eran risas.

A que me leyesen un cuento antes de dormir.

A quedarme dormida en la cama de mi madre mientras me acariciaba la cara lentamente.

Me gustaría volver a tantos momentos y volver a ver a los míos…

La vida se va complicando y ya no vuelves a tener esa ilusión de cuando eras pequeño, es diferente.

Esa inocencia de los niños es tan bonita…

Secretos

Todos tenemos secretos, y hasta el que parezca que tenga la vida más perfecta, esa persona será quien más secretos oculte.

Y es que ese fue mi caso, me empeñé en tener la vida perfecta, en la perfección, y en que absolutamente todo estaba a mi alcance, porque, si de mí dependía, yo haría lo imposible por conseguirlo.

Pero detrás de esa búsqueda de la perfección había muchos secretos, muchos que ni siquiera mi gente más cercana sabía, y que la mayoría de la gente ni se puede llegar a imaginar.

Pensamos que, si no mostramos nuestras debilidades, eso nos hace más fuertes, pero no, eso lo único que hace es que seas más débil, que te engañes, porque llegarán momentos de tu vida en los que tú solo no puedas con todo, y no tendrás ningún hombre en el que apoyarte, ninguna mano que te ayude a levantarte; es decir, carecerás de esa fuerza que en ese momento necesitas.

No es más fuerte el que más cosas calla ni más débil el que cuenta sus problemas. Todo lo contrario: el que las cuenta las afronta y se hace más fuerte gracias a ello.

Habla, habla con los tuyos de tu vida, de las cosas buenas, pero también de las malas.

Abrirte crea un vínculo especial con esa gente, porque esa gente siente la empatía y confianza de contar contigo.

De poder abrirse contigo, de crear un vínculo de los de verdad.

¿Existe la perfección?

Parece que todos aspiremos a tener la vida que cada uno considera la perfecta. Para algunos será formar una familia con alguien que le haga feliz, para otro quizá será tener éxito en el trabajo de sus sueños...; pero para esas personas perfeccionistas se vuelca en todos los aspectos de sus vidas, pensando que, si uno no es *perfecto*, no es suficientemente bueno.

Una exigencia constante hacia ti mismo, que no te permite dejar de pensar en tus objetivos, en ser buena en todo aquello que hagas... Pero por mucho que te empeñes, que te esfuerces, que estés noches sin dormir pensando en cómo lograr todo lo que quieres, en ser lo suficientemente bueno, nunca serás perfecto.

Siempre habrá gente a la que le caigas bien y a la que no, a la que le parezcas guapa y a la que no, a la que le parezcas inteligente y a la que no. Habrá cosas que te salgan bien por suerte y otras en las que te hayas esforzado muchísimo y no te salgan bien. Nunca podrás controlarlo todo ni agradar a todo el mundo.

Empieza por querer ser el mejor en algunas cosas; al final se contagia a todos los ámbitos de tu vida.

Pero, claro, ahí no se podía quedar; entonces das el paso de conseguir el físico perfecto, un término complicado y que en mi caso me cambió la vida; ya no voy a decir si a mejor o a peor, simplemente me la cambió; y es que ha tenido sus cosas buenas y malas, no te voy a engañar. Lo que sí que tengo claro que es una de las mayores lecciones que me voy a llevar en esta vida.

Nos pintan la perfección como lo mejor a lo que uno puede aspirar, pero es una gran tortura.

Tortura por el hecho de que al final no vives y disfrutas tu vida, sino que vives pensando en cómo será tu vida cuando llegues a esa perfección. Al final, te acaba obsesionando y tu vida gira en torno a ser la mejor en todos los aspectos de tu vida.

¿Acaso no serías más feliz dejando de pensar un poco y disfrutando más el día a día?

Como dice una amiga mía, lo mejor es fluir.

Personas perfeccionistas

Las personas que son perfeccionistas
   tienen la capacidad de hacer las cosas muy bien,
   porque nunca es suficiente, siempre se puede mejorar.
   No les da igual hacer una cosa u otra,
   con ese perfeccionismo son capaces de mejorar el mundo y los procesos,
   porque llegan al final de las cosas con plena atención.
   Pero deben poner un límite, es decir, poder controlar el perfeccionismo.

No quedarse en un bucle en el que siempre se puede mejorar, las cosas nunca están suficientemente bien. Es un círculo que nunca termina, sin límites; eso termina dañándote.

Controlar ese perfeccionismo es muy importante, es saber querer hacer las cosas muy bien, pero darme cuenta de cuándo algo es suficiente.

16

Gente bonita

Me encanta esa gente que va por la vida con una sonrisa de oreja a oreja. Esa gente transmite, ilumina.

Me encanta la gente que con una mirada te habla, te alegra; esas miradas que al final te acaban sacando unas arrugas en los ojos; esas miradas llenas de ilusión, de ganas de vivir, de brillo.

Me encantan las agujetas en la cara y el dolor de barriga por no parar de reír.

Me encantan los abrazos. ¿Sabías que a los 20 segundos de abrazar a una persona se libera tal cantidad de oxitocina que puede cambiar cómo te sientes?

Abraza cada vez que puedas, abraza todos los días.

Expresarse

Llega ese momento en el que sacas esa persona que llevas dentro, que dices lo que piensas, lo que guardas, sin tapujos, porque crees que estás en lo cierto, porque al fin quieres ser tú. Pero no, todo se te vuelve en contra, y no exactamente porque estés equivocada, sino porque hay personas a las que no les gusta que les digan lo que no quieren oír y, si lo que dices no es música para sus oídos, empieza la discusión.

Entonces piensas: «¿De verdad vale la pena decir lo que piensas y defender tus ideas o, por el contrario, es más rentable decir lo que quieren oír para no tener discusiones?».

Lo que está claro es que en la vida hay que poner límites y ser tú mismo sin ofender a nadie. Pero habla, no te lo guardes todo dentro de ti, porque terminará quemándote por dentro.

A veces no puedes con todo, y está bien

Hay veces que tienes que parar, decir «hasta aquí» y tomarte un tiempo para poder ver las cosas con perspectiva, para darte cuenta de si realmente ese es el camino que quieres seguir en tu vida.

Redes sociales

Ahora está tan de moda las redes sociales, los *influencers*, que parece que la vida nos vaya en ello.

En seguir sus consejos, sus rutinas; comprar lo que te dicen; hacer lo que te dicen...

Pero no olvidemos que cada persona muestra su cara más bonita a la cámara, sus buenos momentos, fotos de sus viajes, amistades, parejas...

Creo que pocas veces verás a alguien con un ataque de pánico, llorando, hundido, pasándolo realmente mal... Porque eso parece que no atrae si no es por el cotilleo o no es tu referente, tu estilo de vida a seguir.

Seamos más nosotros mismos y dejemos de aparentar y de sacar nuestro lado bueno frente a una cámara.

Vive la vida, sé real y disfruta de la vida.

Porque, si te das cuenta, los mejores momentos no son captados por una imagen, porque en ese momento se te olvida que el móvil existe.

La vida real no es lo que sale en redes sociales: todo el mundo publica su mejor lado, su vida perfecta.

Personas que brillan, que transmiten

A las personas que suelen llamar *vitamina* yo prefiero llamarlas personas que brillan, que transmiten.

Que brillan porque son como farolillos, lucecitas que van iluminándote el camino.

Dependiendo de cada persona, brilla más o menos; eso depende de lo que transmitan.

Pero seguro que has tenido personas que brillan en tu vida, esas que ya con verlas te sacan tu sonrisa más bonita, esas que cuando tú misma te apagas se acercan a ti para iluminarte a ti y para iluminarte el camino.

Porque hay veces que lo vemos todo negro, no apagamos, pero siempre hay algo que brilla dentro de nosotros.

Pero también son esas personas que nunca tratan de eclipsar tu luz ni de apagarte.

Digo que transmiten porque no solo brillan. Cuando tú te encuentras con una persona así, brillante, te llena de ilusión, de alegría, de buenas vibras, de sonrisas, de buenos momentos.

Porque quizás has tenido una mala semana, pero ves a esa persona y te cambia, te alegra, te ilumina, te enciende ese brillo que todos tenemos.

Al igual que nosotros mismos somos personas brillantes, que transmitimos.

El simple hecho de caminar con una sonrisa, el de dar los buenos días, de ser simpático, amable, atento, cariñoso... Eso hace que te despiertes con un brillo y una energía tan buena que, cuando vas por la calle, destaques, porque transmites esa energía, iluminas a los demás.

Hay días que parece que caminemos y todo el mundo lleva una cara seria, están apagados, pero tú no, tú eres capaz de brillar entre la oscuridad.

Y quizás no seas consciente hasta hoy de lo que brillas, pero te digo que tienes ese poder de brillar y transmitir, de ser tú mismo y de creer en ti.

Tú decides si brillas o no.
Tú decides lo que quieres
transmitir.

Tienes el increíble poder de cambiar el día o la semana de la gente, de los tuyos, e incluso de alguien que no conoces. De encenderle ese brillo interior.

Tienes el poder de transmitir lo que quieras al mundo, de gritarlo a los cuatro vientos y que la gente se impregne de ello. Ni tú mismo eres consciente del poder que hay en ti.

**Brilla
como solo tú sabes.
Te lo mereces.**

Por las sorpresas

Llevaba meses sin reír de verdad. Si lloraba, era de tristeza; si me caían lágrimas de los ojos, eran llenas de pena, angustia, miedo… Si hablaba, era apenas lo justo y necesario, lo que mis fuerzas me dejaban.

Llevaba dos meses sintiéndome sola en la peor época de mi vida, e incluso en el extremo de mi vida. Incluso las noches en el hospital junto a mi madre, teniendo contacto diario con mi gente y apoyo del de verdad (no del de quedar bien).

Porque se nota cuando las cosas se hacen con el corazón.

Mi hermana ha cogido más AVE en un mes que en un año por la preocupación de la situación y, cada vez que venía a casa, sabía siempre cómo sacarme una sonrisa hasta regalándome llaveros.

O mi madre, que me ha dado la vida y ha hecho de todo por mí, por tener siempre su mano extendida, por estar siempre a mi lado.

Y son esas amigas que te ayudan mientras estás medio desmayada, las que van a tu casa con el turbo puesto, las que te hacen llorar de emoción en una cena y se preocupan por ti, las que te regalan flores y te escriben los textos más bonitos que jamás has leído.

Las amigas que aparecen en medio de la tormenta y pasan a formar parte imprescindible de tu vida, porque nadie te entiende como ella.

Esa amiga que coge un coche de repente y te plantea un plan improvisado de finde con tal de sacarte una sonrisa y diga en público: «Me gusta ver a mi amiga así de feliz».

Y es que te vas dando cuenta de que son las pequeñas cosas de la vida, las que valen la pena, que son los hechos y no las palabras, y quien te quiere te lo demuestra.

Detalles pequeños de la vida

Y cuando te pasa algo, empiezas a ser capaz de los pequeños detalles de la vida, de esos momentos pluma, de esos ratitos que te hacen feliz.

Como un ABRAZO, de los que recargan energías.

Como una cena de amigas, llena de risas, buenos momentos, y a la vez llena de confidencias, sabiendo que puedes confiar en ellas.

Como los saltos de emoción de tu perro al llegar a casa.

Como una conversación encima de tu madre mientras te acaricia, como si volvieses a ser niño.

Como el brillo en los ojos de tu abuela al verte.

Como las sobremesas en familia que se alargan.

Como despertarte oyendo las olas del mar o los pájaros de la montaña.

Como un café calentito.

Como el mar en los pies en pleno verano antes de meterte al agua o el sol acariciándote la piel.

Como una relación con tu hermana, que es más de mejores amigas que de hermanas.

Como que te digan que están orgullosos de ti.

Un «te quiero».

Un beso sea donde sea, pero que transmita amor.

Como los reencuentros con los tuyos.

Como un buen vino acompañado de croquetas.

Como trabajar en lo que te apasiona.

Como una escapada con tu pareja.

Como recordar mil y una anécdotas con los tuyos y que no puedas parar de reírte, incluso que te duela la cara de tu sonrisa.

Como dormir esos 5 o 10 minutitos tapado con el edredón calentito después de que suene el despertador.

Un sinfín de placeres…

Y considero que, para ser feliz, pero de verdad, no de esos de boquilla, debemos disfrutar de las pequeñas cosas, de los pequeños momentos de la vida y de la gente que de verdad te quiere y te lo demuestra.

Gente de verdad, de actos

Quien quiere estar en tu vida está, forma parte de ella, y no está a ratitos.

Quien te quiere te lo demuestra y no te culpa.

Quien te quiere te da la mano cuando más lo necesitas y te saca una sonrisa.

Quien te quiere no necesita tiempos, ni excusas, ni nada de eso.

Porque por algo se dice es que el querer es incondicional.

Y es que ¿quién quiere a alguien que solo esté para los ratitos buenos? Yo por lo menos tengo claro después de unos años que no, que eso no es querer.

¿Cuánta gente ha pasado por tu vida?

¿Cuánta gente ha subido a tu tren? ¿Cuánta se ha bajado?

¿Cuánta permanece? Eso es lo importante.

En la vida pasamos por muchas etapas, lugares; vivimos historias diferentes… Y vas encontrando a gente, al igual que distanciándote de otra.

Y no pasa nada, es normal en la vida, nos pasa a todos. Pero tu gente de verdad está ahí en las buenas y en las malas. Da igual la de kilómetros que os separen, los horarios de trabajo. Al final, si las dos partes quieren, sacan tiempo para una conversación o una llamada.

Mis amigas

Mis amigas y yo somos como un estuche lleno de colores, cada una viene de una mezcla, y es como es por el proceso de vida que le ha llevado a ser ese color / esa persona.

Cada una es un color:

- Una verde porque transmite calma y esperanza. Es mi mujer de verde.
- Una naranja por su amistad que es pura vitamina y su presencia siempre destaca. Es una imprescindible en el grupo.
- Una morado porque, dependiendo de cómo la mires, es tranquila (lavanda) o la más fiestera de todas (morado).
- Una amarillo fosforito porque destaca en todos los aspectos: personalidad, estilo, forma de ser, transmite seguridad a la vez y es mi *crazy sister*.
- Una azul, porque es pacífica como el mar —que tanto le gusta—, vive el momento y disfruta de las pequeñas cosas. Pero a la vez ama el fucsia y es pura energía.
- Una rojo porque, aunque sea un puntito rojo en el otro lado del mundo, es atrevida y luchadora. Y porque no nos olvidamos de ese puntito rojo en el mapa con nuestras videollamadas.

Somos el cuadro más bonito jamás visto.

Me gustan las noches de chicas.

Me gusta emocionarme hablando y ver un brillo en los ojos de mis amigas.

Me gusta llorar de emoción y que me cojan la mano a la vez.

Me gustan los abrazos de grupo llenos de cariño.

Me gusta ver cómo cada una vuela en su dirección, y todas nos emocionamos por sus logros.

Me gusta la mezcla que creamos entre todas, lo distintas que somos y, a la vez, ver lo muchísimo que nos aportamos unas a otras.

Me gusta que las risas nunca paren, que con una mirada nos riamos y que a veces no podamos ni hablar de la risa.

Me gusta que sea nuestro entorno de confort, me gusta que sean momentos llenos de alegría y locura, a la vez que de desahogo, descarga y apoyo.

Mis niñas

Gracias por ser de los seres con más luz que conozco, ilumináis el mundo.

Gracias por ser únicas cada una con vuestra esencia, siendo inspiración.

Gracias por hacer del mundo un lugar mejor.

Gracias por vuestra lealtad y humanidad.

Gracias por ser vida, ánimo, risas…

Gracias por estar siempre ahí.

¡Qué bonito es compartir la vida junto a vosotras!

Despedidas

Las despedidas de los tuyos son uno de los mayores dolores que puedes sentir.

Recuerdo cuando una de las personas más importantes de mi vida me dio su último adiós y cerró los ojos para siempre descansar en paz.

Se me erizan los pelos al escuchar ese *para siempre*, pero te diré una cosa: no es real. Puede ser real el dolor que sientas, las lágrimas cayendo por tu rostro, sentir el corazón roto en mil pedazos y no saber cómo seguir hacia delante.

Pero te diré que esos sentimientos finalmente desaparecen. Pasando un duelo.

Esa persona tuya nunca se ha ido, porque te prometió que nunca te iba a abandonar.

Ahora está, pero de una forma distinta. Están esos seres llenos de luz que iluminan el cielo cada noche.

Está presente en algunos gestos que aprendiste de esa persona.

Está presente en cada anécdota que viviste con esa persona y que te viene a la mente sacándote una sonrisa.

Están en tu día a día, en pequeñas cosas, en pequeños detalles, en esas cosas que haces simplemente por instinto, como si alguien te susurrase al oído...

Está en todos los recuerdos de lo vivido juntas.

Porque sabes que allí donde estén están orgullosos de ti.

Recuerda: siguen estando, pero de otra manera.

Duelos

Un duelo no es solo cuando se muere un ser querido, que es a lo que tendemos a asociar.

Un duelo es perder a tu mejor amigo de años.

Un duelo es distanciarte de tus hermanos, los mismos que eran tu mayor apoyo.

Un duelo es perder a tu pareja. Esa que creías que sería el amor de tu vida. Crees que sin esa persona la vida no será igual.

Un duelo es cuando la vida te cambia radicalmente.

Un duelo es que tu padre ya no te quiera más, que te diga que ya no eres su hija y que rechace saber nada más de ti en esta vida. El dolor de no entender por qué no eres suficiente o no te mereces ese amor y un sinfín de preguntas que se te plantean cada noche al acostarte con el corazón roto. Sí me ha pasado.

Parece incomprensible.

Desde que nacemos, pensamos que el amor de los padres a los hijos es incondicional, pues siento decir que no es así.

«La familia es hacerse» es una frase que se dice mucho, pero es muy cierta.

Tu familia son esos seres incondicionales que, aunque no os una la sangre, han estado más presentes en tu vida que la propia familia de sangre. Esos mismos que te han apoyado, animado, consolado; con los que te has desahogado y cuyo amor hacia ti sabes que es cierto. Esa es la gente de verdad.

Duelos

Fases del duelo:
- la negación
- la ira
- la negociación
- la depresión
- la aceptación

Y tú, ¿en qué fase estás? ¿Consideras que has pasado ya el duelo por algo? ¿O acabas de darte cuenta de que estás estancado en alguna fase?

M(EDÍTALO)

Lo importante es no rendirse nunca. Puede haber fracasos, pero lo que de verdad importa es la victoria final y lo aprendido en el camino.

Confía en ti mismo.

Y sí, el haber pasado por tanto te deja cicatrices. Pero, a día de hoy, quedan genial con mi sonrisa.

Amor

¿Alguna vez te has enamorado de alguien? ¿Tanto que no puedes parar de pensar en esa persona?

En imaginar un futuro juntos porque crees que es esa la persona, porque algo dentro te dice que es esa persona.

Esa persona por la que darías la vuelta al mundo si te lo pidiera.

Esa persona a la que quieres y con la que sientes que es recíproco. No hace falta que te lo digan con palabras. Sabes que tenéis una conexión especial.

En la que con una mirada os decíais todo, conectaban vuestras miradas a lo lejos y te ponías nervioso.

Esa persona con la que pensabas que no había plan mejor que estar juntos, dando igual el lugar, el tiempo…

La magia de conectar,
la suerte de coincidir,
y el destino haciendo de las suyas.

El secreto de la vida
está en dejar fluir a la vida,
en que las cosas pasen a su debido tiempo,
y las cosas simplemente ocurren.

Para la persona correcta,
que te mira de una forma especial,
siempre serás arte para sus ojos.

¿Amor u obsesión?

Piensas en esa persona constantemente.

Un mensaje suyo te alegra el día, te saca una sonrisa.

Sientes que eres tan feliz, que tienes tanta suerte…

Pero con el tiempo empiezas a ver la verdadera cara de esa persona, puede ser que te impresione aún más o que conozcas facetas suyas que no te gustan.

Nunca te olvides de ti mismo, de tu amor propio.

Que el mayor tesoro que tienes eres tú y que nadie te cambie.

No todo vale por amor.

Corazón rompiéndose

Le diste tu corazón y te lo ha devuelto roto, lleno de heridas, las cuales tú tienes que dedicarte a reparar, a curar cada una de ellas.

Nunca olvides que el amor más grande está al otro lado del espejo.

Disfrutemos de la vida

Porque la vida son dos días y yo no quiero irme de este mundo sin hacer todas esas cosas que me llenan el corazón.

Pues, ya que no sabemos cuándo vamos a morir, exprimamos al máximo la vida, lancémonos, arriesguemos. Porque es real, el que no arriesga no GANA.

Que, si me tengo que equivocar, pues me equivoco, no pasa nada, luego serán anécdotas; pero recuerda que lo hiciste porque te lo susurraba el corazón.

No pierdes nada, solo podías ganar o quedarte igual la mayoría de las veces.

No salgas corriendo, porque puede que se quede en una anécdota, pero ¿y si sale bien qué? Te aseguro que no te arrepentirías.

Porque la vida son dos días y yo no quiero morirme sin haber vivido al máximo, sin haber arriesgado, sin haber ganado y a veces también perdido. Pero al final he hecho cosas que me llenaban el corazón, y eso es lo que me llevaré, eso es lo importante.

Somos amor desde que abrimos los ojos por la mañana hasta el cierre de tus ojos al dormir. Somos personas que transmiten amor.

Porque me pongo como prioridad y no te pongo a ti.

Porque estoy cansada de vivir en un interrogante, en unos puntos suspensivos de si seguirá la historia o no.

Porque valgo mucho más que todo eso, y qué pena que no te dieras cuenta antes.

Amores destinados a ser

También hay amores que puede que no funcionasen porque no era el momento, pero tienes la convección de que en un futuro vais a estar juntos, que un futuro será vuestro momento.

Ese cruce de miradas que tras los años no ha perdido ese brillo en los ojos ni ese sentimiento que sentías antes por esa persona.

Vuelven la ilusión y los nervios cada vez que la ves, sabes que algo hay entre ambos, pero nuestros caminos se bifurcaron hace años por cuestiones laborales.

Pero vuelves a mirarle a los ojos tras años y ese sentimiento no se ha ido, sigue intacto como si no hubiera pasado el tiempo.

¿Sabías tú que los abrazos
son curas para el corazón?

No me digas que ya no hay nada.

Dime que me miras y no se nos para el corazón de nuevo al mirarnos a los ojos.

Dime que me has echado de menos.

Dime que sigues sintiendo lo mismo que hace años, como si el tiempo no hubiese pasado por nosotros.

Dime que no te has olvidado de mí en todo este tiempo.

Dime que el casi algo por fin tendrá un final feliz.

Dime que por fin ha llegado nuestro momento.

En un futuro tendrá sentido y lo llamaremos *amor*.

Mientras tanto, vivamos con ilusión y disfrutemos el camino, que la recompensa llegará en su momento.

¿Crees en el destino?

¿Crees en el destino?

Yo sí.

Pienso en que todo pasa por algo, a su debido tiempo.

Tanto lo bueno como lo malo.

Nos empeñamos en controlarlo todo, pero hay cosas que no se pueden controlar.

Cómo dice el gran Albert Espinosa: «Cuando crees que conoces todas las respuestas, llega el mundo y te cambia las preguntas».

Lo malo me ha dado una gran lección, me ha enseñado a valorar las cosas buenas, a superarme y a creer más en mí mismo, ver que soy capaz de superar cosas que pensaba que no pasaría.

Lo bueno, gracias a lo malo, me ha enseñado a valorar los momentos pluma, las pequeñas cosas del día a día, sin necesitar algo grande para ser feliz.

¿Cómo estás?

Es la típica pregunta cuya respuesta ya conoces porque todo el mundo contesta lo mismo: «Bien».

Ya sea cuando saludas a uno que conoces y va por la calle y al saludaros sale la típica pregunta con su típica respuesta.

«Bien» no es una respuesta, no es una emoción, y muchas veces ese «bien» esconde algún problema detrás, pero para qué contar los problemas y sentirte inferior.

Mejor decir «bien» y así todo el mundo se cree que estás genial y que te va genial todo.

Lo siento, pero para mí «bien» no es una respuesta.

De hecho, todo mi círculo de amigos tiene prohibido contestar «bien» a la pregunta de «¿cómo estás?».

Os explico el porqué, porque quiero que me cuenten cómo les va en realidad, porque quiero saber si están en un mal momento, porque quiero estar ahí cuando lo necesiten y ser la primera en alegrase y celebrar cuando me cuentan una buena noticia.

Es imposible ayudar si no sabes lo que le pasa a la otra persona.

Es tan bonito tener relaciones en las que cuenten contigo al igual que tú cuentes con ellos. Relaciones de verdad, en las que puedas contar tus problemas y no te sientas juzgado, porque problemas tenemos todos, la vida de nadie es perfecta.

Suicidio: dejemos que sea un tabú

En la pandemia todo el mundo aplaudía la importancia de la salud y de los sanitarios. El Día Mundial contra el Cáncer todo el mundo lo visibiliza e incluso se hacen millones de campañas para su lucha (por ejemplo, el cáncer de mama). Los casos de enfermedades raras incluso son entrevistados por la curiosidad que conllevan. Me parece genial.

Pero no nos damos cuenta de que hay muchas más muertes diarias por suicidio que por otra patología, y esto es evitable, ¡¡¡puedes ayudar!!!

Hay 11 muertes diarias por suicidio y cada año aumenta más. En serio, ¿qué tiene que pasar para que abramos los ojos de una vez y nos tomemos en serio el tema?

La gente no habla del tema, es un tabú, e incluso si ha vivido algo cercano lo olvida o evita, ¿en serio? Así no vamos a cambiar nada, la gente que llega a esos extremos es porque realmente ya no puede más.

No nos arrepintamos cuando sea demasiado tarde.

Vivir cerquita del suelo,
morir cantándole al mar.

Seguir la norma

Parece que vivimos en un mundo en el que tenemos que dar la talla, seguir la norma.

Parece que debamos cumplir unos cánones de belleza, un cuerpo determinado, tener una carrera importante, tener idiomas, ser agradables y educados en todo momento, comer sano, hacer ejercicio, pasarnos horas trabajando…

¿No estáis cansados?

La realidad es que parece que vivamos en una sociedad encorsetados. ¿Realmente disfrutas de lo que haces en el día?

Vamos al gimnasio para mantenernos en forma, para estar *fit*, delgado o como lo quieras llamar; pero es que igual te aburres y lo haces porque es lo que toca. Estar en una sala de máquinas hay gente a la que le gusta, pero mucha otra a la que no. Como eso de que todo el mundo se apunta en enero al gimnasio para ponerse *fit* después de las navidades o la famosa operación bikini; pero la realidad es que mucha de esa gente va dos días, se aburre y no vuelve en todo el mes.

Igual no has encontrado el deporte que te gusta realmente. Yo en mi caso he probado muchísimos deportes, al igual que gimnasios o ir a correr, pero no me gustaban. Hasta que en mi edad adulta he encontrado el yoga aéreo o el *ballet*, que son mi pasión, mi momento.

Al encontrar lo que me gustaba, me olvidé de mi cuerpo. No iba por tonificar mi cuerpo ni por obligación, iba porque me gustaba.

Me centraba más en aprender nuevas piruetas, por ejemplo, que en ver mi vientre plano. Era mi motivación del día, mi momento, de dedicarme tiempo a mí misma y de ver lo maravilloso que es mi cuerpo al hacer esas posturas en el aire.

A lo mejor tu deporte es uno que hacías hace años o de pequeño, y por distanciamiento, porque te viene mejor ir al gimnasio, te pilla más cómodo... Has dejado una de tus pasiones, mi consejo es que la retomes.

O que pruebes hasta descubrir tu pasión, tu momento para ti.

Empecemos a ser más nosotros mismos, dejemos ese corsé de lado, vistamos como nos gusta, hagamos lo que nos gusta y seamos más auténticos que nunca.

Viste como te guste, como te sientas cómodo, porque es una de tus señas de identidad. Ten el pelo como quieras, como te guste.

Tatúate si es lo que sientes, si tiene sentido para ti o si no lo tiene; no tienes que darle explicaciones a nadie mientras tú estés orgulloso y lo sientas como parte de tu identidad.

Ten el físico que quieras, porque nadie de los de tu círculo se va a alejar de ti porque peses diez kilos más o cinco menos ni te van a querer por la definición de tus músculos.

Dedícate a lo que te hace feliz realmente. Si crees que te has equivocado de carrera, ánimo y cambia a tu pasión, nunca es tarde. Si crees que no estás a gusto en el lugar donde trabajas, cambia de trabajo. Si tú vales, lo van a ver. Ánimo, solo tienes que confiar en ti mismo.

Si no estás a gusto en tu relación, si no estás enamorado, corta esa relación y dedícate un tiempo a amarte a ti mismo.

En fin, rompamos la normativa y hagamos lo que de verdad queremos, sentimos y nos apasiona.

Medicina, mi pasión

Como profesional de la salud, considero que no hay nada más bonito que dedicarte a salvar vidas, a cambiar la vida de la gente, a ayudarlos.

Estudiar Medicina siempre ha sido mi sueño desde pequeña.

No fue fácil entrar, ya que es una carrera muy demandada. Al igual que no fue nada fácil pasar por ella, con épocas muy duras de exámenes, estudio, involucración completa en tu carrera, ansiedad... Pero también ha sido y es de las cosas más bonitas de mi vida. Los momentos especiales que me ha regalado, que son muchos, no los cambio por nada. El brillo en mis ojos al terminar lo dice todo.

Pero justamente cuando se te junta con que eres una persona exigente, pues hay veces que la ansiedad y la presión pueden contigo.

Pero todo compensa al ponerlo en práctica, al ver el agradecimiento de tus pacientes, el reconocimiento de tu equipo, el salvar la vida a una persona y que te diga cosas tan bonitas como «mi vida te la debo a ti, hoy vuelvo a vivir».

Pero, eso sí, me ha tocado ser paciente para saber la importancia de la empatía con los pacientes y la vocación que se debe tener por la profesión.

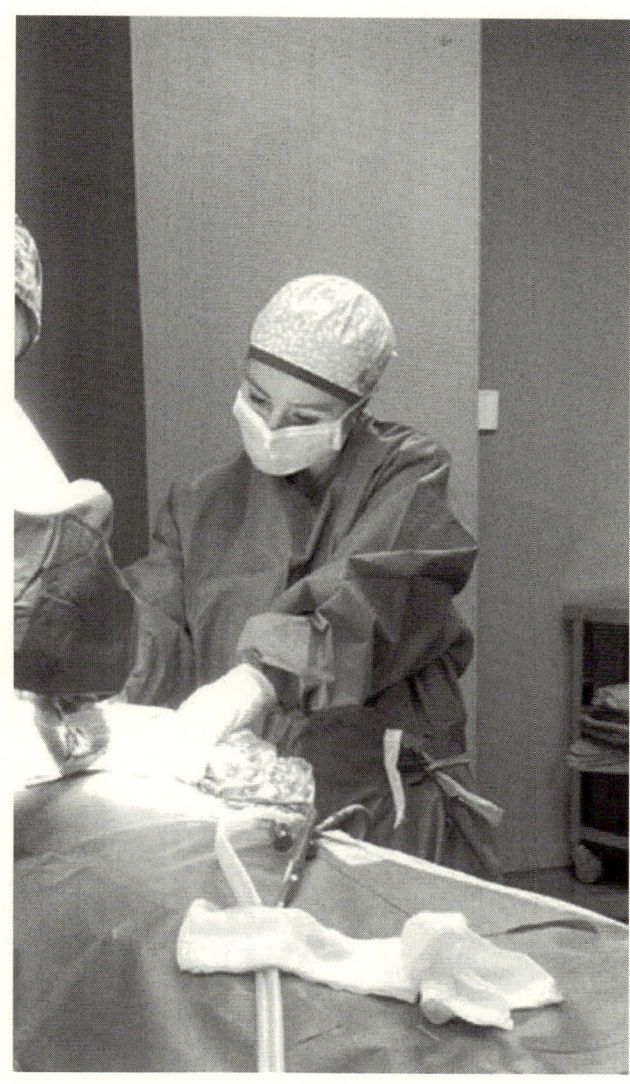

Cada uno de nosotros somos como somos por lo que nos ha tocado vivir, por cada persona que ha aparecido en nuestra vida, incluso las que ya no forman parte de ella.

Si te fijas en el día a día, vamos en piloto automático. Cuando te despiertas, desayunas viendo las noticias o el móvil. Cuando te duchas, suele ser con música para despejarte. Te pasas todo el día trabajando, cosa que te mantiene todo el día pensando en ello muchas veces. Cuando comemos o cenamos, ponemos la televisión o hablamos con la gente. Y cuando nos vamos a dormir, nos ponemos una serie para desconectar.

Pero ¿a lo largo del día en qué momento has pensado en ti mismo? ¿En qué momento has mirado hacia tu interior?

Quizás necesitas aclararte, priorizarte y hablar más, no ir tanto en piloto automático, porque es ahí cuando nos perdemos...

Adiós a la venda de los ojos

Llega un día en el que, cuando creías que tenías todo bajo control, llega el destino; cuando ya conocías las respuestas, llega el dichoso destino y te cambia las preguntas, y entonces tú te quedas en blanco, sin saber cómo ver más allá.

Y por mucho que otras veces te hubieran dicho o que incluso tú misma hubieras pensado que las cosas malas pasan para enseñarte una lección, en esos momentos no ves lección, sino que no le ves sentido al destino, y no entiendes por qué ha pasado eso y por qué te ha pasado a ti. La respuesta: TIEMPO.

Muchas veces estamos cegados con una venda, y nosotros mismos somos los únicos que no somos conscientes de ella. Pero llega un momento de tu vida, puede ser uno concreto o un cúmulo de circunstancias, que te hace que simplemente se caiga. Y tras ello das las gracias de su caída, porque no es que veas las cosas desde otra perspectiva, sino que VALORAS, valoras los pequeños momentos, que son lo que de verdad te dan felicidad (los momentos pluma); valoras a la gente que nunca te ha soltado de la mano; valoras a esa gente que ha creído en ti incluso cuando ni tú misma creías que serías capaz, y sí, lo fuiste. Y sobre todo te das cuenta de que en tu vida quizá la has estado viviendo dándoles importancia a las personas equivocadas y a cosas que ahora ves que no valen la pena.

Éxito

Cada día tenemos más y más presión por llegar a nuestros objetivos, por ser el más productivo en el trabajo, por ser el mejor en clase, por terminar tu carrera con éxito, por sacarnos cada vez más títulos, porque, si no, no destacas.

Y nos emboscamos en un día a día frenético, en el que parece que todo vale por conseguir tu objetivo. Empiezas a no parar en el día, a no tener tiempo para ti, porque cada vez tienes que dar más y más de ti.

Llegas a casa después de un día frenético y lo único en lo que piensas es en llegar a tocar tu cama y dormir para estar fresca el día siguiente, y empieza dándote pereza cocinar, e incluso comer; solo quieres una ducha calentita y a descansar.

Y pasan las semanas, vas pensando que vale la pena todo con tal de conseguir tu objetivo, seguir en ese puesto de trabajo, ascender o sacar una buena nota. Y vas dejándote, vas olvidándote de ti mismo, vas dejando de hacer algunas de las cosas que te gustaban (como hacer deporte o autocuidado) simplemente porque no te da tiempo, porque sientes que te faltan horas en la vida.

Y un día no cenas porque no tienes hambre y solo quieres dormir.

Llevas una vida ajetreada.

No cuidas tu salud. Tu peso y estado de salud van cambiando, y no a mejor, pero parece que es el precio que tienes que pagar. Y te dices a ti mismo que solo será por una temporada, que este estrés se irá y todo volverá ser como antes.

Pero te hago un *spoiler*: te estás autoengañando.

Y llega el momento en el que se te va de las manos, te has descuidado sin ser consciente, no has sido tú mismo tu prioridad. Y el vaso se desborda, porque ibas llenándolo gotita a gotita cada día inconscientemente.

Desborde

Y llega ese día en el que tantas gotas han desbordado el vaso, en el que tu cuerpo te grita: «No puedo más».

Nuestro cuerpo es muy listo y de una forma o de otra el cuerpo habla porque necesita ser escuchado, y si no le haces caso, chilla hasta que abras los ojos.

Hay veces que una forma de demostrártelo es desmayándote, otras con una enfermedad en el cuerpo, otras con un ataque de ansiedad que puede contigo u otras como un accidente porque no vas centrado en lo que estás haciendo, sino en tu objetivo, en tu día a día, en tus cosas.

En mi caso fue una enfermedad.

Ilustración: vaso última gota.

Es que a veces la vida no solo te desordena las piezas de tu vida, sino que te da una buena hostia para que abras los ojos, para que te des cuenta, para que des prioridad a lo verdaderamente importante.

Hazme un favor, no te olvides de ti mismo.

Porque eres el tesoro más valioso para ti mismo, porque eres con quien vas a pasar toda la vida, y mejor tener una relación sana.

Y es que, cuando te ves en una sala monitorizada, con mil cables, goteros, gente a la que no conoces, sin tu familia, sin móvil y con unas palabras que pensaste que nunca escucharías como «igual de esta noche no pasas», te das cuenta de que igual no todo estaba bien, que debes parar, llorar y dedicar tiempo a lo importante.

Dejas de lado a esa chica perfecta que te empeñabas en ser y te coges de las manos que de verdad están tendidas a tu alrededor.

Cuando la vida se te complica y llega la enfermedad...

Y es ahí cuando te das cuenta de quién sigue en tu tren y de quién hace tiempo se bajó.

Y es que el cuerpo ya te ha gritado y te ha abierto los ojos.

Llega finalmente esa consulta médica, esa a la que vas porque no estás bien, y tus familiares te medio obligan a ir porque están preocupados.

Tú en una sala de espera supernervioso, temblando porque tienes miedo, porque presupones que no te van a dar buenas noticias, pero ahora ya es tarde para volver atrás.

Hay veces que la vida te rompe para que, cuando vuelvas a unir tus piezas, seas más fuerte y bonito.

La enfermedad

La espera se te hace eterna mientras tiemblas y la cabeza va a mil por hora.

Y es el momento, toca entrar, la doctora me calma y me transmite confianza. Los nervios se rebajan un poco.

Tras una revisión, pruebas y una larga charla, te dicen el diagnóstico y empiezan a caer lágrimas por tu rostro. Porque, aunque te lo imaginases, escucharlo en voz alta por parte de un profesional de verdad te abre los ojos y te para el corazón.

Te plantean varias opciones, ya que en el estado en el que estás tienes que tomar una decisión.

Oyes, pero no escuchas; solo te quedas con el diagnóstico en la cabeza y las palabras *posible ingreso*.

Estás, pero no estás.

Tu contestación es «ahora no puedo, lo siento», «ahora no me viene bien por el trabajo, los estudios…».

A lo que me respondió: «¿Y cuándo te vendría bien recuperarte con ese perfil tan perfeccionista y autoexigente que solo piensa en su carrera?».

Ahí me di cuenta de que tenía razón, de que iba a poner mil excusas con tal de no hacer frente a lo evidente, porque no lo quería ver y me daba pánico afrontarlo.

Y, cuanto más tardase, sería peor.

Llegas a casa y solo piensas en lo que te han dicho.

Intentas convencer a tu gente de que no es para tanto, de que a ti no te pasa eso, de que tú solo podrás con ello.

Engañándolos a ellos y a ti.

Al final te toca tomar una decisión y, tras mucho meditarlo, sabes que en el fondo tenía razón la especialista.

Por lo que aceptas ingresar y tratarte, el mismo en el que ibas a permanecer por meses y no lo sabías.

Esa decisión implica parar tu vida, ya que es incompatible con el trabajo que tenías o con tus estudios. Además, llega el momento de dedicarte tiempo a ti mismo, de recuperarte, conocerte a ti mismo y darte cuenta de muchas cosas.

Al final es un camino de vida el que ibas a realizar allí, no solo centrado en la enfermedad, sino en tu vida al completo. Es una de las mejores decisiones que has tomado, pero aún no lo sabes.

Abres los ojos y ves que tenías ciertas cosas normalizadas en tu vida y que te estaban destrozando. Te das cuenta de lo que te ha llevado a estar en esa cama de hospital ingresado.

Y no es culpa tuya, porque las enfermedades no se eligen, no las ves venir, de repente aparecen.

Tienes ansiedad, sacas a relucir tus miedos y poco a poco vas enfrentándote a ellos.

Empiezas a conocer gente maravillosa, tanto compañeros pacientes como el mejor equipo de profesionales, que por lo que destacan es por el amor y la dedicación por su trabajo, y que es como una gran familia.

Se va convirtiendo en tu lugar seguro, en el que sabes que pase lo que pase vas a tener una mano extendida, un abrazo, una charla y, sobre todo, control de tu enfermedad…

Sabes que vas a pasar por cosas complicadas, porque estás luchando contra viento y marea para decirle adiós a la enfermedad que te cambió la vida. Pero a la vez sabes que allí estás recogido, apoyado, y te dan las fuerzas y soluciones para tirar hacia delante.

Es tan bonito conocer a la gente sin su máscara…

Justamente esa gente que nos empeñábamos en conseguir la vida perfecta. La que intentábamos aparentar que todo iba bien, que todo estaba perfecto.

Y también hay días malos en los que te preguntas: «¿Por qué estoy aquí?». Pues te diré que la respuesta es bien sencilla: «Estás ahí porque has decidido apostar por ti mismo».

Priorízate

Hazme una promesa, cuídate y priorízate.
Si se necesita parar es porque toca, porque la vida te lo pide.
Dedícate ese tiempo para ti, para volver a conectar con tu yo interior.
Tú eres tu mejor proyecto, no lo olvides.
¡Es tan bonito estar en paz con uno mismo!

Soy mi mayor tesoro.
Me priorizo.

Recaída

Como os contaba, esto no es un camino lineal.

Pues bien, tras ser dada de alta, volví a mi rutina y me generó mucha ansiedad ponerme al día con todo; es como que mi mente me exigía hacer todo lo que no había hecho en este tiempo.

Pasaron las semanas y volví a caer, volví a un día a día frenético en el que solo importaba mi carrera. Me aislé de los míos porque no me gusta que me vean mal, pensaba (inocente de mí) que solo era una racha hasta sacarlo todo. Y la enfermedad volvió a aparecer.

La racha se acabó, pero también había acabado conmigo.

En verano el tema de salud no fue a mejor, vi de frente y a los ojos al miedo y a la muerte más de una vez. Mi cuerpo me gritaba ayuda.

Por lo que pedí ayuda porque volvía a estar mal, y sabía perfectamente que la profesional me iba a hablar claro, por lo que tuvimos una conversación dura, en la que me recomendó otro ingreso en otro hospital; era ya la última opción, y yo decidí alejarme de todo e irme a Madrid.

Y así fue, me embarqué en un viaje sin billete de vuelta, en un hospital, donde no conocía a nadie, pero era mi último cartucho para mi recuperación.

Entré con ganas de recuperarme de una vez por todas, de ser una persona con una vida sana. La primera semana fue muy dura, sobre todo las noches en la habitación sola llorando de impotencia.

Por suerte, conocí a gente maravillosa llena de amor, cariño, abrazos, y gente que entendía por lo que habías pasado, al igual que yo entendía sus problemas.

Las semanas pasaban y yo solo pensaba en el alta, ya que estaba muy bien a nivel de salud, por lo que no entendía por qué seguía allí.

Mi médico me dijo que era para controlar que todo iba bien y esas ganas de tenerlo todo bajo control; que no trabajase, que me dedicase todo el tiempo para mí, cosa que me costó, pero que conseguí.

Por eso os digo que sois vuestro tesoro más valioso y que os prioricéis.

Volver a casa con los tuyos

No puedo describir la emoción de llegar a mi hogar, de los saltos de mi perro al verme, del gran abrazo que me dio mi madre, que acabamos con lágrimas en los ojos.

Fue uno de días que más he disfrutado en mi vida, porque valoraba cada pequeña cosa, desde el dormir en mi cama con mi perro hasta emocionarme por volver a estar en casa con mi familia.

Mis amigas, tan bonitas como siempre; sentí su cariño inmenso y el orgullo que tenían. Nos fundimos en abrazos que casi nos rompen.

Fue todo tan bonito y sentido que no puedo explicar con palabras la emoción que sentí esos días.

Nadie dijo que fuera fácil,
pero sí que valdría la pena.

Hermanos

Ver cómo tu hermano se derrumba cogiéndote la mano mientras le caen lágrimas por el rostro a la vez que te dice que, por favor, no lo dejes te rompe el corazón.

Te rompe saber que no puedes hacerle daño a esa persona a la que tanto quieres, te rompe ver que no sabes de dónde sacar fuerzas, pero te recompone un poco ver que en esos momentos haría lo que fuera por sacarte una sonrisa y sacarte de ese pozo en el que estás.

La unión de dos hermanos, en nuestro caso, va mucho más allá. Es un hermano, un mejor amigo, un apoyo en el peor momento, el primero en estar orgulloso de ti a la vez que el primero en reñirte.

Es mirarnos a la cara y saber lo que está pensando o va a decir la otra persona, es reírnos de la misma broma de siempre y no parar de crear nuevas, es complicidad, porque si en esta vida alguien ha estado más al lado de la otra hemos sido nosotras, porque nos ha tocado vivir las mismas circunstancias o parecidas y salir de ellas juntas y más fuertes.

Tenerte a mi lado ha sido siempre y será la mayor de mis suertes.
Nunca nada ni nadie nos podrá separar.

El amor de una madre

Gracias por ser la persona más importante de mi vida, a la que más he querido, y nuestra unión siempre ha sido mucho más.

Eres mi pilar fundamental, la que ha estado siempre en todo momento, la que me ha dado la mano cuando ya no podía más y la persona por la que más me he sentido querida en toda mi vida.

Tú sí que me lo has demostrado con hechos, con el corazón el amor incondicional que sentías hacia mí.

No me ha podido tocar mejor madre, has hecho conmigo de madre y de padre. Has sido la suerte de mi vida y siempre has estado ahí.

Te quiero hasta el infinito y más allá.

Confía

En esa apuesta por ti mismo, el camino no es lineal hacia arriba; es como una montaña rusa, con sus subidas y sus bajadas.

Pero debes confiar; sí, confía en el proceso.

Es una lección que a mí me repitieron tantas veces que se ha quedado como uno de los mantras de mi vida.

Porque yo me empeñaba en seguir llevando el control, quería que todo fuese lo más rápido posible, que fuese bien, y así volver a mi vida cuanto antes. Y las respuestas siempre eran «calma, confía en el proceso».

Y una vez que terminó el proceso, ya no es que solo confíe en el proceso que realicé y tanto me costó, sino que confío en mí misma, y es una de las lecciones que más me llevo.

Porque nada en esta vida es lineal.

Si te fijas, la vida está llena de etapas, y la vida en sí misma es un camino, con sus subidas y sus bajadas.

Confiar en ti mismo es todo un logro y una virtud personal.

Porque en los días malos, con esa confianza en el proceso de la vida, sabrás que todo irá bien finalmente.

Darte cuenta de quién sí

En los momentos duros salen a relucir solo las personas que de verdad te quieren y están ahí día a día apoyándote aunque sea con un mensaje bonito.

Es mis peores momentos me he sentido muy afortunada de ver qué bonita y maravillosa es esa gente que está ahí.

Los que no estuvieron sus motivos tendrían, pero me fallaron. Hay veces que la vida hace limpieza de la gente que tienes a tu alrededor para que te des cuenta de quién sí.

Y en ese darme cuenta descubrí la versión más bonita de mi pareja y me sentí tremendamente afortunada de tenerlo en mi vida. Creo que puede haber pocas personas tan bonitas por dentro y por fuera como él.

Eres esa casualidad de esa noche de diciembre
que me demostró
que todavía existen la magia y las personas regalo.

Victoria final

Y tras muchas piedras en el camino, vallas que saltar y obstáculos que superar, puedo decir que conseguí el alta.

El momento en el que tras mucho tiempo te dicen que tienes al alta médica es increíblemente emocionante. Sabías que no podía tardar, pero el ver que ese momento se hace realidad es indescriptible.

Hay que estar al tanto siempre de nuestra salud, pero también tenemos que disfrutar la vida al máximo y exprimirla.

Tras toda esa racha le di gracias a la vida por haberme dado la *oportunidad de volver a nacer.*

Por lo que, si estás pasando por un proceso parecido, aunque veas muy lejos la meta, te prometo que tiene fin, pero que tienes que confiar en el camino y en los profesionales, porque no es nada fácil la lucha, pero vale la pena la victoria.

Puedes sufrir mucho,
llorar y tocar fondo.
Está bien, permítetelo.

De repente, no te reconoces, te has perdido.

Cuesta mucho trabajo encontrarse,
pero finalmente lo consigues.
Ahora estás mejor que nunca,
más fuerte que nunca
y con tu mayor brillo.

Lo estás haciendo genial

Lo estás haciendo genial, mi persona, créeme,
porque nadie te preparó para todo lo que tenías que pasar…
Aun así, has encontrado la forma de seguir adelante…,
sacar fuerzas de donde ni tú sabías que tenías.

Índice

Prólogo.. 9

Pequeños momentos 10

Secretos 13

¿Existe la perfección? 14

Personas perfeccionistas 16

Gente bonita 18

Expresarse 19

A veces no puedes con todo, y está bien............. 20

Redes sociales 21

Personas que brillan, que transmiten 23

Por las sorpresas 28

Detalles pequeños de la vida 29

Gente de verdad, de actos.................................. 32

Mis amigas 33

Mis niñas 36

Despedidas.. 38

Duelos... 39

Duelos 40

Amor.. 46

¿Amor u obsesión?.. 50

Corazón rompiéndose 51

Disfrutemos de la vida.. 53

Amores destinados a ser..................................... 56

¿Crees en el destino? 59

¿Cómo estás? 60

Suicidio: dejemos que sea un tabú 61

Seguir la norma 64

Medicina, mi pasión 66

Adiós a la venda de los ojos 70

Éxito 71

Desborde 73

Cuando la vida se te complica y llega la enfermedad… 77

La enfermedad 78

Priorízate 81

Recaída 83

Volver a casa con los tuyos 85

Hermanos 87

El amor de una madre 89

Confía 90

Darte cuenta de quién sí 91

Victoria final 92

De repente, no te reconoces, te has perdido. 95

Lo estás haciendo genial 96